AF156940

BEI GRIN MACHT SICH IHr
WISSEN BEZAHLT

- Wir veröffentlichen Ihre Hausarbeit,
  Bachelor- und Masterarbeit

- Ihr eigenes eBook und Buch -
  weltweit in allen wichtigen Shops

- Verdienen Sie an jedem Verkauf

Jetzt bei www.GRIN.com hochladen
und kostenlos publizieren

Bibliografische Information der Deutschen Nationalbibliothek:

Die Deutsche Bibliothek verzeichnet diese Publikation in der Deutschen National-
bibliografie; detaillierte bibliografische Daten sind im Internet über http://dnb.d-
nb.de/ abrufbar.

Dieses Werk sowie alle darin enthaltenen einzelnen Beiträge und Abbildungen
sind urheberrechtlich geschützt. Jede Verwertung, die nicht ausdrücklich vom
Urheberrechtsschutz zugelassen ist, bedarf der vorherigen Zustimmung des Verla-
ges. Das gilt insbesondere für Vervielfältigungen, Bearbeitungen, Übersetzungen,
Mikroverfilmungen, Auswertungen durch Datenbanken und für die Einspeicherung
und Verarbeitung in elektronische Systeme. Alle Rechte, auch die des auszugsweisen
Nachdrucks, der fotomechanischen Wiedergabe (einschließlich Mikrokopie) sowie
der Auswertung durch Datenbanken oder ähnliche Einrichtungen, vorbehalten.

Impressum:

Copyright © 2018 GRIN Verlag
Druck und Bindung: Books on Demand GmbH, Norderstedt Germany
ISBN: 9783668919105

Dieses Buch bei GRIN:

https://www.grin.com/document/461950

Judyta Schramm

Trainingslehre III. Beweglichkeitstestung, Trainingsplanung (Beweglichkeitstraining & Koordinationstraining)

GRIN Verlag

GRIN - Your knowledge has value

Der GRIN Verlag publiziert seit 1998 wissenschaftliche Arbeiten von Studenten, Hochschullehrern und anderen Akademikern als eBook und gedrucktes Buch. Die Verlagswebsite www.grin.com ist die ideale Plattform zur Veröffentlichung von Hausarbeiten, Abschlussarbeiten, wissenschaftlichen Aufsätzen, Dissertationen und Fachbüchern.

Besuchen Sie uns im Internet:

http://www.grin.com/

http://www.facebook.com/grincom

http://www.twitter.com/grin_com

Trainingslehre III.

Beweglichkeitstestung, Trainingsplanung

(Beweglichkeitstraining &

Koordinationstraining)

Inhaltsverzeichnis

1 Personendaten

1.1 Erfassung der Daten

Tab. 1: Personenbezogene Daten

Alter	25 Jahre
Geschlecht	männlich
Körpergröße	185cm
Körpergewicht	88kg
Trainingsmotiv	Koordinationsfähigkeit und Beweglichkeit steigern, um komplexe Krafttrainingsübungen (z.b. Kniebeugen) mit korrekter/verbesserter Technik ausüben zu können
Berufliche Tätigkeit	Versicherungskaufmann
Frühere und aktuelle sportliche Aktivitäten	2000-2003 Leichtathletik (mit vereinzelten Wettkämpfen) 2003-20012 Keine sportliche Aktivität (bedingt durch Verletzung, danach Motivationslosigkeit) Seit 2012 im Winter ab und zu Snowboarden als Freizeitsport Seit 2013 Krafttraining im Studio als Ausgleich zum Büroalltag (2-3x pro Woche ca. 1,5-2h)
Zeitlicher Verfügungsrahmen	Weitere 1,5-2h pro Woche zusätzlich zum aktuellen Trainingspensum

Tab. 2: Daten über den allgemeinen Gesundheitszustand

BMI	25,7
THQ	0,92
Körperfettanteil (nach 7- Falten-Calipermessung)	14%
Blutdruck	125/75 mmHg
Ruhepuls	62 S/min
Orthopädische Probleme	2003: Sprunggelenkfraktur links nach Umknicken im Leichtathletiktraining. Aktuell leichte Beweglichkeitseinschränkungen laut subjektiver Einschätzung der Person
Internistische Probleme	Keine (bekannt) in den letzten 10 Jahren
Medikamenteneinnahme	Thomapyrin (ca 2-3 mal pro Monat, bei Spannungskopfschmerzen)
Ärztliche Behandlungen	Keine in den letzten 10 Jahren

1.2 Bewertung der Daten im Hinblick auf die Belastbarkeit und Trainierbarkeit der Person

In der folgenden Tabelle werden die ermittelten Daten im Hinblick auf Normwerte bewertet.

Tab. 3: Bewertung der Daten im Hinblick auf Belastbarkeit d. Person

Daten der Person	Bewertung der Daten
BMI: 25,7 (kg/m2)	Ein BMI Wert von 25,0 bis 29,9 beschreibt ein Übergewicht (Luppa, 2018, S. 23). Betrachtet man den Körperfettanteil von 14% und die sportliche Aktivität des Trainierenden, lässt der erhöhte Wert auf eine überdurchschnittliche Muskelmasse schließen und ist somit als normal anzusehen.
THQ: 0,92	Liegt der Wert des Taillen-Hüft-Quotienten unter 1, weist dieses auf eine gynoide Fettverteilung hin und ist auf gesundheitliche Sicht weniger risikobehaftet, als eine androide Fettverteilung (Luppa, 2018, S. 33).
KFA: 14%	Der Normbereich des Körperfettanteils für Männer liegt im Alter von 20-39 Jahren zwischen 8-20%, mit 14% liegt der Trainierende also mittig im Normalbereich (Luppa, 2018, S. 32).
Blutdruck: 125/75mmHg	Ein normaler Blutdruck liegt unter 130mmHg in der Systole und unter 85mmHg in der Diastole, somit ist der Blutdruck des Trainierenden als normal einzustufen (Eifler, 2018, S. 294).
Ruhepuls: 62S/min	Das Herz schlägt in Ruhe zwischen 60-90 Mal pro Minute (Eifler, 2018, S. 201). Der Ruhepuls des Trainierenden ist somit im Normalbereich.
Orthopädische Probleme: Sprunggelenkfraktur links	Die Verletzung liegt 15 Jahre zurück und wies nie Folgeschmerzen/-probleme auf. Lediglich beim Sport, bei Übungen mit hoher Voraussetzung einer Mobilität im Sprunggelenk bemerkt der Trainierende eine subjektive, geringe Einschränkung derer, im Gegensatz zum rechten Sprunggelenk. In Betracht der Trainingsgestaltung stellt dies aber keine besondere Einschränkung dar.

2 Beweglichkeitstestung

2.1 Testauswahl und Beschreibung der Durchführung

In Tabelle 4 werden die Testdurchführungen der jeweiligen Muskelgruppen beschrieben.

Tab. 4: Beweglichkeitstestung und Beschreibung der Durchführung für die jeweiligen Muskelgruppen (Eifler, 2018, S. 48-52)

Getestete Muskelgruppe	Beschreibung der Testdurchführung
Brustmuskulatur (M. pectoralis major)	Der Trainierende legt sich in Rückenlage, mit angewinkelten Knien und aufgestellten Füßen auf eine Liege. Der Thorax wird durch leichtes Ziehen, in diagonale Richtung weg von der Testseite, vom Tester fixiert. Der Oberarm der Testseite ist 90° abduziert und maximal außenrotiert. Der Winkel des Ellenbogengelenks sollte ebenfalls 90° betragen. Messbereich ist die Oberarmposition zur Horizontalen.
Hüftbeugemuskulatur (speziell M. iliopsoas)	Der Trainierende legt sich in Rückenlage, mit Gesäß direkt am Ende der Liege. Während sich das eine Bein im Überhang befindet, zieht die Testperson das andere Bein gebeugt maximal an den Oberkörper heran. Es wird der Hüftflexionswinkel des Beins im Überhang gemessen. Messbereich ist die Oberschenkelposition zur Horizontalen.
Kniestreckmuskulatur (speziell M. rectus femoris)	Der Trainierende legt sich in Rückenlage, mit Gesäß direkt am Ende der Liege. Ein Bein wird von der Testperson maximal an den Oberkörper herangezogen, während der Tester den Oberschenkel vom überhängenden Bein im maximalen Hüftextensionswinkel festhält. Der Unterschenkel des überhängenden Beins wird vom Tester in den maximal möglichen Kniebeugewinkel geführt. Messbereich ist der Winkel zwischen Unterschenkel und Oberschenkel.
Kniebeugemuskulatur (Mm. ischiocrurales)	Die Testperson legt sich in Rückenlage auf die Liege. Der Tester führt das zu testende Bein mit maximal gestrecktem Kniegelenk in die maximal mögliche Hüftflexion, während das andere Bein angewinkelt aufgestellt wird. Der Messbereich ist der Hüftbeugewinkel.
Wadenmuskulatur (Mm. triceps surae)	Der Proband legt sich mit gestrecktem Testbein in Rückenlage auf die Liege. Ungefähr die (distale) Hälfte des Unterschenkels ragt über die Liege hinaus. Der Tester bringt nun das Sprunggelenk in die maximal mögliche Dorsalextension, indem er mit einer Hand das Fersenbein hält und mit der anderen Hand Druck auf den Vorderfuß ausübt.

2.2 Ergebnisauswertung der Beweglichkeitstestung

Tab. 5: Testergebnisse mit Bewertung in Bezug auf Normwerte (Eifler, 2018, S. 48-52)

Muskelgruppe	Tester-gebnis	Normwerte	Bewertung
Brustmuskulatur (M. pectoralis major)	Stufe 2	Stufe 0: Oberarm erreicht mindestens Horizontale, keine Einschränkung in Beweglichkeit Stufe 1: Oberarm erreicht Horizontale mit Hilfe des Testers (leichte Druckausübung), Leichte Einschränkung in Beweglichkeit Stufe2: Oberarm erreicht Horizontale auch mit Hilfe des Testers nicht, Deutliche Einschränkung in Beweglichkeit	Die Brustmuskulatur weist ein Beweglichkeitsdefizit auf, welches möglicherweise auf die tägliche, lange, sitzende Tätigkeit mit protraktierten Schultern, sowie dem intensiven Brusttraining zurückzuführen ist
Hüftbeugemuskulatur (speziell M. iliopsoas)	Stufe 1	Stufe 0: Oberschenkel erreicht mindestens Horizontale, Keine Beweglichkeitseinschränkung Stufe 1: Oberschenkel erreicht Horizontale mit Hilfe des Testers, leichte Beweglichkeitseinschränkung Stufe 2: Oberschenkel erreicht Horizontale auch durch Druck des Testers nicht, deutliche Beweglichkeitseinschränkung	Die Hüftbeugemuskulatur weist ein leichtes Beweglichkeitsdefizit auf. Dies könnte auf die ständige Hüftflexion im Sitzen bei der Arbeit zurückzuführen sein.
Kniestreckmuskulatur (speziell M. rectus femoris)	Stufe 0	Stufe 0: senkrecht herabhängender Unterschenkel, Keine Beweglichkeitseinschränkung Stufe 1: Unterschenkel ragt leicht nach vorne, mit leichtem Druck wird ein Kniebeugewinkel von 90° erreicht, leichte Beweglichkeitseinschränkung Stufe 2: Auch durch Druck wird der 90° Winkel im Knie nicht erreicht, deutliche Beweglichkeitseinschränkung	Keine Einschränkung der Beweglichkeit in der Kniestreckmuskulatur
Kniebeugemuskulatur (Mm. ischiocrurales)	Stufe 1	Stufe 0: Hüftflexion von mind. 90° ist möglich, keine Einschränkung in Beweglichkeit Stufe 1: Hüftflexion v. 80-90° ist möglich, leichte Einschränkung in Beweglichkeit Stufe 2: Hüftflexion unter 80° wird erreicht, deutliche Einschränkung in Beweglichkeit	Leichte Einschränkung der Kniebeugemuskulatur. (Da diese auch gleichzeitig für eine Hüftstreckung zuständig ist, lässt sich die Einschränkung möglicherweise ebenfalls auf die sitzende Tätigkeit zurückführen)
Wadenmuskulatur (Mm. triceps surae)	Stufe 1	Stufe 0: Mindestens 0°-Stellung in der Dorsalextension möglich, keine Beweglichkeitseinschränkung Stufe 1: Dorsalextension ist möglich, allerdings nicht bis 0°, leichte Beweglichkeitseinschränkung Stufe 2: Dorsalextension ist höchstens bis 10° unterhalb der 0°-Stellung möglich, deutliche Beweglichkeitseinschränkung	Auf beiden Seiten gibt es leichte Beweglichkeitseinschränkungen in der Wadenmuskulatur. Die Person lag in der Annahme richtig, dass ein Defizit vorhanden ist, allerdings ist dieses auf dem in der Vergangenheit verletzten Sprunggelenks nicht größer, als auf der anderen Seite.

3 Trainingsplanung Beweglichkeitstraining

3.1 Schultergürtel und obere Extremitäten

Tab. 6: Dehnübungen für den Schultergürtel und obere Extremitäten (Walker, 2014)

Primär beteiligte Muskulatur	Übung	Dehnmethode	Beschreibung der Durchführung
Mm. pectoralis major et minor, M. deltoideus anterior	Brust- und Schultermuskulaturdehnung mit seitlich ausgestrecktem Arm	Passivstatisch	Der Trainierende abduziert seinen Arm um 90° und streckt ihn nach hinten. Er hält sich an einem unbeweglichen Gegenstand und rotiert Schultern und Oberkörper vom ausgestreckten Arm weg.
M. deltoideus anterior, Mm. pectoralis major et minor	Vorderschulter- und Brustdehnung mit nach hinten gestreckten Armen	Passivstatisch	Der Trainierende stellt sich mit dem Rücken an eine Bank und hält sich an der Kante fest. Er geht langsam in die Kniebeuge, sodass der Ellenbogenwinkel kleiner und der Retroversionswinkel im Schultergelenk größer wird.
M. pectoralis major, M. subscapularis	Rotatorendehnung mit angewinkelten Armen und einem Stock	Passivdynamisch	Der Oberarm wird mit einem Ellenbogenwinkel von 90° um 90° abduziert und maximal außenrotiert. Der Stock wird so gegriffen, dass er hinter dem Ellenbogen liegt, während die andere Hand den Stock nach vorne zieht und so einen Hebel auf die Schulter erzeugt.
M. latissimus dorsi	Dehnung des Latissimus mit Arm über dem Kopf	Aktivstatisch	Der Trainierende streckt einen Arm maximal nach oben und geht dann mit der Gegenseite in eine Lateralflexion um die Dehnung zu verstärken.

3.2 Wirbelsäule

Tab. 7: Dehnübungen für die Wirbelsäule (Walker, 2014)

Primär beteiligte Muskulatur	Übung	Dehn-methode	Beschreibung der Durch-führung
Mm. externus et internus intercosta-lis, Mm. externus et internus obliquus abdominis, M. transversus abdo-minis, M. rectus abdominis	Bauchmuskulatur-dehnung in Rücken-lage (mit Hilfe eines Gymnastikballs)	Passiv-statisch	Der Trainierende legt sich in Rückenlage mit auflie-gendem Rücken, Schultern und Gesäß auf einen Gym-nastikball und lässt die Ar-me seitlich herabhängen.
Mm. semispinalis cervicis et thoracis, Mm. longissimus cervicis et thoracis, Mm. iliocostalis cervicis et thoracis, M. splenius cervicis, Mm. spinalis cervicis et thoracis	Rücken- und Nackenmuskulatur-dehnung in sitzender Haltung	Passiv-statisch	Der Trainierende setzt sich auf eine Matte und streckt die Beine nach vorne aus. Halsmuskeln und Rücken-muskulatur werden ent-spannt, bis Kopf und Brust-korb nach vorne absinken. Die Hände liegen während-dessen entspannt neben dem Körper.

3.3 Beckengürtel – untere Extremitäten

Tab. 8: Dehnübungen für den Beckengürtel und untere Extremitäten (Walker, 2014)

Primär beteiligte Muskulatur	Übung	Dehnmethode	Durchführung
M. iliacus, Mm. psoas major et minor	Dehnung des Hüftbeugers, kniend	Passiv-dynamisch	Der Trainierende kniet auf dem Boden und stellt das Bein der zu dehnenden Seite mit einem Ausfallschritt auf. Der Oberkörper bleibt hierbei aufrecht. Während er das Becken nun vorschiebt, wird die Belastung auf das kniende Bein verlagert.
M. semitendinosus, M. semimembranosus, M. biceps femoris	Dehnung beider Beine, stehend	Aktiv- statisch	Der Trainierende stellt sich schulterbreit hin und beugt sich mit dem Oberkörper nach vorne und versucht die Hände so weit wie es geht an den Boden zu strecken
M. semitendinosus, M. semimembranosus, M. biceps femoris	Dehnung mit vorgestelltem Bein, stehend	Passiv-post-isometrisch	Der Trainierende stellt sich in Schrittstellung auf und beugt das hintere Bein. Das vordere streckt er mit der Fußsohle am Boden (um den m. soleus aus der Dehnung auszulassen). Er beugt sich mit aufrechtem Rücken nach vorne oder nimmt währenddessen ein leichtes Hohlkreuz ein, um die Dehnung zu verstärken.
M. soleus	Wadenmuskulaturdehnung vor Wand	Aktiv- statisch	Der Trainierende stellt sich mit ca. 10cm Abstand mit Blick zur Wand gerichtet an die Wand. Er schiebt nun das Knie immer weiter an die Wand, während die komplette Fußsohle am Boden bleibt. Zur Intensivierung der Dehnung kann der Abstand zur Wand vergrößert werden.

3.4 Belastungsgefüge des Dehnprogramms

3.4.1 Trainingshäufigkeit

Das Dehnprogramm wird als Ganzkörpereinheit 2-3x pro Woche vor den Krafttrainingseinheiten als Aufwärmprogramm durchgeführt. Es gibt Kritiken, dass ein Dehnen vor einer Krafttrainingseinheit die Leistung stören kann, jedoch kann man mit einem Dehnprogramm die Muskulatur aufwärmen und die Gelenke etwas mobilisieren. Zudem sorgt eine höhere Flexibilität in den Muskeln für eine höhere „range of motion", somit können die Muskeln auf eine verlängerte Bewegung kontrahieren, was auf langfristige Sicht zu einer verbesserten Leistungskraft im Sinne eines Anstiegs der Muskelkraft führen kann (Walker, 2014, S. 29). Um den zeitlichen Verfügungsrahmen der Person einzuhalten, soll das Aufwärm-Dehnprogramm nicht länger als 45 Minuten andauern.

3.4.2 Sätze pro Übung

Mit jeder Übung sollen jeweils 3 Sätze durchgeführt werden (Walker, 2014, S. 43).

3.4.3 Dauer der Dehnung

Jeder Satz der statischen Dehnübungen soll jeweils 30 Sekunden in der maximal möglichen Dehnposition gehalten werden (Walker, 2014, S. 43).

Bei den dynamischen Dehnübungen sollte jeder Satz aus 10 Wiederholungen bestehen, welche jeweils 1-2 Sekunden in der maximal möglichen Dehnposition gehalten werden (Walker, 2014, S. 37).

3.4.4 Intensität der Dehnungen

Die Dehnübungen sollen in der maximal möglichen Dehnposition ausgeführt werden, welche dann erreicht ist, wenn ein Spannungsgefühl auftritt. Wird bis zur Schmerzgrenze gedehnt, wird eine Sicherheitsmaßnahme vom Körper eingeleitet, der Dehnungsreflex, welcher durch eine schnelle Muskelkontraktion versucht, Schäden durch eine Überspannung zu verhindern. Um diesen Dehnungsreflex zu vermeiden, wird die Dehnung also unterhalb der Schmerzgrenze durchgeführt (Walker, 2014, S. 40).

3.5 Begründung der Auswahl des Dehnprogramms

Bedingt durch das viele Sitzen im Beruf und möglicherweise auch durch das Brusttraining liegen beim Trainierenden in der Brustmuskulatur deutliche Defizite (Stufe 2) in der Beweglichkeit vor. Der Fokus wird deshalb auf Muskelgruppen gelegt, welche für eine Innenrotation, bzw. Protraktion im Schultergelenk zuständig sind und eine schlechte Haltung verursachen können. Hauptsächlich verantwortlich sind hierbei die Muskeln M. pectoralis major, M. latissimus dorsi und M. subscapularis (Pürzel & Pürzel, 2015).

Die zwei ersten Übungen des Trainingsplans legen das Hauptaugenmerk auf den Brustmuskel und den vorderen Schultermuskel, die dritte auf die Innenrotatoren der Rotatorenmanschette und die vierte auf den M. latissimus dorsi, welcher ebenfalls für eine Innenrotation sorgt.

Da sich durch das Sitzen die Wirbelsäule ständig in Flektion befindet, wurde die fünfte Übung gewählt, um die Bauchmuskulatur zu dehnen und so einer Verkürzung der Wirbelsäulenflektoren vorzubeugen (Pürzel & Pürzel, 2015, S. 56).

Der Trainierende leidet manchmal an Spannungskopfschmerzen, weshalb die sechste Übung gewählt wurde. Diese sorgt für eine Dehnung der Wirbelsäulenextensoren.

Wird der Iliopsoas nicht sorgfältig gedehnt, nach häufigem Sitzen, so kann dies auf lange Sicht zu einer Verkürzung dessen führen (Pürzel & Pürzel, 2015, S. 109).

Da der Trainierende schon eine leichte Beweglichkeitseinschränkung (Stufe 1) in der Hüftbeugemuskulatur hat, werden diese in der siebten Übung gedehnt.

Da in der kniestreckenden Muskulatur keine Einschränkungen in der Beweglichkeit vorhanden sind, wird auf Dehnübungen in diesem Bereich (vorerst) verzichtet.

Die Kniebeugende Muskulatur weist leichte Einschränkungen (Stufe 1) in der Beweglichkeit auf, weshalb hierfür zwei Übungen eingeplant wurden.

Die letzte Übung ist zur Dehnung der Wadenmuskulatur eingeplant. Somit wird eine größere Sprunggelenksmobilität gefördert (Pürzel & Pürzel, 2015, S. 134). Diese ist unter anderem auch wichtig für eine bessere Ausführung von Kniebeugen, was neben der besseren Beweglichkeit ein Ziel des Trainierenden ist.

In 3.4 wird bereits das Belastungsgefüge erläutert.

Der zeitliche Verfügungsrahmen des Trainierenden wird mit dem vorgegebenen Plan eingehalten. Das Training besteht aus sieben statischen Übungen, mit je drei Sätzen á 30 Sekunden, also 10 Minuten und 30 Sekunden, zwei dynamischen Dehnübungen, mit je drei Sätzen á 10 Wiederholungen und dem Halten der Spannung von je zwei Sekunden, also 2 Minuten und einer postisometrischen Dehnübung mit drei Sätzen á ca. einer Minute, also 15 Minuten und 30 Sekunden.

Somit dauert jede Trainingseinheit im Dehnbereich insgesamt nur 30 Minuten, was auch bei 3 Einheiten wöchentlich den zeitlichen Verfügungsrahmen von höchstens 2 Stunden unterschreitet.

4 Trainingsplanung Koordinationstraining

Hierfür wurden als Hauptübungen „Beinschwingen mit geschlossenen Augen" sowie „Standwaage auf dem Balance Board mit Kettlebell" gewählt. Zu erster Übung führen 3, zu zweiter Übung führen 5 „Vorübungen", welche systematisch aufeinander aufbauen und letztendlich mit den beiden Hauptübungen abschließen. Das Koordinationstraining legt hier das Hauptaugenmerk auf Gleichgewichtstraining, welches insgesamt aus den 10 in den Tabellen genannten Übungen besteht.

Tab. 9: Übungsaufbau für Übung Beinschwingen mit geschlossenen Augen

Übung	Durchführung der Übung
Stehen auf einem Bein	Der Trainierende steht auf einem Bein und hebt das andere leicht an.
Stehen auf einem Bein mit geschlossenen Augen	Die Übung wird wie oben durchgeführt, diesmal sind die Augen dabei aber geschlossen.
Beinschwingen mit offenen Augen	Der Trainierende steht auf einem Bein und schwingt das andere Bein vor und zurück (und hält dabei sein Gleichgewicht).
Beinschwingen mit geschlossenen Augen	Die dritte Übung wird diesmal mit geschlossenen Augen durchgeführt.

Tab. 10: Übungsaufbau für die Standwaage auf dem Balance Board mit Kettlebell

Übung	Durchführung der Übung
Standwaage	Der Trainierende stellt sich auf ein Bein und zieht das andere Bein gestreckt nach hinten, während er sich mit geradem Oberkörper nach vorne neigt. Oberkörper und ausgestrecktes Bein bilden eine Linie (möglichst horizontal). Währenddessen hängen die Arme locker neben dem Standbein.
Standwaage mit Kettlebell	Die Übung wird wie oben genannt durchgeführt, nur mit Kettlebell in Händen.
Stehen auf Balance Board	Der Trainierende stellt sich auf ein Balance Board (und hält sein Gleichgewicht).
Stehen auf Balance Board auf einem Bein	Die Person stellt sich auf nur einem Bein auf das Balance Board (und hält sein Gleichgewicht).
Standwaage auf Balance Board	Die erste Übung wird wie oben beschrieben durchgeführt, diesmal auf einem Balance Board.
Standwaage auf Balance Board mit Kettlebell	Die zweite Übung wird auf dem Balance Board durchgeführt .

4.1 Belastungsgefüge des Koordinationstrainings

4.1.1 Trainingshäufigkeit

Das Koordinationstraining wird 2-3x pro Woche durchgeführt, immer zwischen der Dehneinheit und der Krafttrainingseinheit.

4.1.2 Sätze pro Übung

Pro Übung werden jeweils drei Sätze durchgeführt.

4.1.3 Pausen

Die Satzpausen betragen jeweils 30 Sekunden.

4.1.4 Belastungsdauer

Jede Bewegung dauert ca. vier Sekunden. Jeder Satz besteht aus jeweils 15 Bewegungen. Eine Satzdauer beträgt somit ca. eine Minute.

4.2 Begründung Auswahl des Koordinationstrainings

Der Trainierende führt sein Koordinationstraining jeweils zwischen dem Dehn- und Krafttraining aus. Es wird somit in das Aufwärmprogramm für das Krafttraining aufgenommen. Der Vorteil besteht darin, dass er sich weder die benötigten Geräte anschaffen, noch an extra Tagen in das Fitnessstudio fahren muss.

Für ein funktionales Grundlagentraining werden jeweils drei Sätze pro Koordinationsübung empfohlen (Lowery, 2015, S. 96), was hier so eingehalten wird.

Für das funktionale Training sind 30 Sekunden Pause zwischen den Sätzen ausreichend (Gottlob, 2013, S. 132).

Für einen moderat Trainierten sind 15 Wiederholungen pro Übung á jeweils vier Sekunden sinnvoll (Lowery, 2015, S. 96).

Da alle Daten aus dem Anamnesebogen mindestens im normalen gesundheitlichen Bereich liegen, nehmen diese keinen besonderen Einfluss auf eine Trainingsgestaltung im Koordinations-/Gleichgewichtstraining.

5 Literaturrecherche

5.1 Literaturrecherche und Vergleich zweier Studien zum Thema „Effekte des Dehnens im Hinblick auf eine Verbesserung der sportlichen Leistungsfähigkeit"

In nachfolgender Tabelle werden die beiden Studien analysiert. (Klee & Wiemann, 1991), (Rosenbaum & Henning, 1997)

Tab: 11: Gegenüberstellung der beiden Studien

Fragestellung	Studie 1: „Muskeldehnung zur Leistungsverbesserung im Sprint"	Studie 2: „Veränderung der Reaktionszeit und Explosivkraftentfaltung nach einem passiven Stretchingprogramm und 10minütigem Aufwärmen"
Wer hat die Studie durchgeführt?	Wiemann, Klaus; Klee, Andreas	Rosenbaum, D.; Henning, E.M.

Fragestellung	Studie 1: „Muskeldehnung zur Leistungsverbesserung im Sprint"	Studie 2: „Veränderung der Reaktionszeit und Explosivkraftentfaltung nach einem passiven Stretchingprogramm und 10minütigem Aufwärmen"
Wann wurde die Studie publiziert? (Jahr)	1991	1997
Mit welchen Versuchspersonen wurde die Studie durchgeführt?	- 32 männliche Sportstudenten	- 55 männliche Sportler - Durchschnittsalter 25,3 (±4,0) Jahre - Durchschnittliche Körpergröße 181,9 (±5,7) cm - Durchschnittsgewicht 747,5 (±78,5) N
Wie sah der Versuchsaufbau der Studien aus?	Die Sprintleistung aller Teilnehmer wurde nach einem 15-minütigen Aufwärmprogramm, ohne Dehnen, gemessen. Im Anschluss wurden sie in 3 Gruppen eingeteilt und absolvierten folgende Programme vorneweg: - 15 Minuten Hüftbeuger dehnen - 15 Minuten Hüftstrecker dehnen - 15 Minuten Laufen (Kontrollgruppe) Die Dehnprogramme wurden teilweise mit einem Partner durchgeführt, nach einer Antagonisten-Kontraktions-Methode (AK). Danach wurden die Sprintleistungen erneut gemessen.	Alle Probanden kamen ohne vorherige körperliche Betätigung ins Labor. Einteilung in drei Gruppen mit verschiedenen Aufwärmprogrammen: - 3 Minuten Dehnen der Wadenmuskulatur - 10 Minuten langsames Laufen auf einem Laufband - Kein Aufwärmen Im Anschluss wurden folgende neuromuskuläre Eigenschaften der Wadenmuskulatur (mm. triceps surae) gemessen: - Wärmeeffekt am medialen Kopf des m. gastrocnemius (mittels Thermometer) - Kraft d. Plantarflexion, Sprunggelenkmobilität und Reaktionszeit nach einem Signalton - Muskelaktivität des medi-

Fragestellung	Studie 1: „Muskeldehnung zur Leistungsverbesserung im Sprint"	Studie 2: „Veränderung der Reaktionszeit und Explosivkraftentfaltung nach einem passiven Stretchingprogramm und 10minütigem Aufwärmen"
		alen Kopfes des m. gastrocnemius und m. soleus (mittels EMG)
Welche relevanten Ergebnisse und Schlussfolgerungen lieferten die Studien?	Alle Teilnehmer, aller drei Gruppen, wiesen, verglichen mit dem ersten Test, verschlechterte Sprintleistungen auf. Die Leistungen der Gruppe, die als Vorprogramm die Hüftbeuger dehnte, fielen hierbei am meisten ab. Die zweitschlechteste Leistung wies die Gruppe mit Vordehnung des Hüftstreckers auf. Selbst die Kontrollgruppe, welche den Dauerlauf absolvierte schnitt etwas schlechter ab, allerdings nur geringfügig und nicht signifikant. Die Testergebnisse zeigen auf, dass ein Dehntraining vor einem Sprint die Leistung negativ beeinflussen kann. Hier wäre ein Dauerlauf als Aufwärmprogramm besser geeignet.	Während das Dehnen nicht für eine Erwärmung am medialen Kopf des m. gastrocnemius sorgte, erhöhte das Lauftraining die Temperatur um 1,7 °C. In der Laufgruppe verkürzte sich die Reaktionszeit nach dem Signalton, die Kraftentwicklung stieg um ca. 15% an und die Muskelaktivitätsmessung ergab eine höhere Aktivität. In der Dehngruppe gab es keine verkürzte Reaktionszeit nach dem Signalton und die Kraftentwicklung fiel minimal ab. Zudem ergab die EMG-Messung eine verminderte Muskelaktivität. Die Testergebnisse zeigen auf, dass die Leistungsfähigkeit im Sinne der Reaktionszeit sowie der Explosivkraftentfaltung sich nach einem Dehnen verringern, nach einem lockeren Laufen dagegen etwas steigern können.

6 Literaturverzeichnis

Eifler, C. (2018). *Studienbrief Medizinische Grundlagen (rev.19.030.000).* Saarbrücken: Deutsche Hochschule für Prävention und Gesundheitsmanagement.

Eifler, C. (2018). *Studienbrief Trainingslehre III (rev.19.025.000).* Saarbrücken: Deutsche Hochschule für Prävention und Gesundheitsmanagement.

Gottlob, A. (2013). *Differenziertes Krafttraining* . München: Urban & Fischer Verlag.

Klee, A., & Wiemann, K. (1991). *Muskeldehnung zur Leistungsverbesserung im Sprint.* (B. f. Sportwissenschaft, Hrsg.) Köln. Abgerufen am 24. 09 2018 von http://www.biowiss-sport.de/wp-content/uploads/2015/02/despri.pdf

Lowery, L. (2015). *Functional Fitness.* Aachen: Meyer & Meyer Verlag.

Luppa, D. (2018). *Studienbrief Ernährung I (rev.19.028.00).* Saarbrücken: Deutsche Hochschule für Prävention und Gesundheitsmanagement.

Pürzel, A., & Pürzel, A. (2015). *Funktionelle Anatomie.* Wien: Intelligent Strength.

Rosenbaum, D., & Henning, E. (1997). *Veränderung der Reaktionszeit und Explosivkraftentfaltung nach einem passiven Stretchingprogramm und 10-minütigem Aufwärmen.* (W. Universität, & U. Gesamthochschule, Hrsg.) Münster; Essen. Abgerufen am 23. 09 2018 von http://www.zeitschrift-sportmedizin.de/fileadmin/content/archiv1997/Heft03/1997_03_LEISTUNG%20NACH%20STRETCHING.pdf

Walker, B. (2014). *Anatomie des Stretchings.* München: riva Verlag.

7 Tabellenverzeichnis

BEI GRIN MACHT SICH IHR WISSEN BEZAHLT

- Wir veröffentlichen Ihre Hausarbeit,
  Bachelor- und Masterarbeit

- Ihr eigenes eBook und Buch -
  weltweit in allen wichtigen Shops

- Verdienen Sie an jedem Verkauf

Jetzt bei www.GRIN.com hochladen und kostenlos publizieren